Dualité,

une vie sinueuse

Dualité,

une vie sinueuse

Antoine LE QUÉAU

Pour ceux et celles qui désirent mieux comprendre certaines choses.

LA DISSOCIATION,

Un combat de tous les jours

Le questionnement

Tu ne te réveilles pas un beau jour en te posant cette question, elle s'installe progressivement jusqu'à t'obséder tout le temps. Est-ce que c'est moi qui me fais des films? Suis-je le seul? Je suis bizarre? Pourquoi ça n'arrive qu'à moi? Si j'en parle je vais être jugé. Je garde toutes ces questions pour moi et je verrai bien après. C'est une solution de facilité, par la suite tu te dis que cela n'est pas une solution.
Tu continues pourtant ta vie. Tu vas au lycée en faisant croire aux autres que tout va bien et que ce qu'ils te demandent ne rime à rien, qu'ils imaginent n'importe quoi.
« Bus, cours, maison, dodo », mais il y a toujours cette question qui résonne dans ta tête, comme une chanson, une rengaine, un hymne qui te martèle continuellement. Tu as beau faire tout ton possible pour penser à autre chose, mais quand tu te retrouves tout seul, elle te revient à l'esprit, te ronge de l'intérieur mais tu restes fort et ne te laisses pas dominer par cela.
Jusqu'au jour où tu n'en peux plus d'être harcelé par ton esprit, mais aussi par tes soit

disant amis du lycée qui te posent cette même question au moins une fois par jour.

Tu la balaies d'un revers de la main quitte à être insultant envers eux, mais cela t'es égal, ou tu changes de sujet « Vous avez compris le cours de mathématiques de ce matin ? » ou « Quelqu'un peut me passer son anglais car j'y comprends rien. »

Les jours passent et tu te bats intérieurement avec cette question sans rien laisser paraître, sans en parler.

Tu mets ton masque des bons jours, tu reprends la routine scolaire, tu mens aux autres. Tu le sais, lorsque tu vas rentrer chez toi, tu vas ruminer cette question et te morfondre dans le noir, seul avec tes pensées.

La remise en question

L'année scolaire passe et les jours se ressemblent. Cette question te tourmente à chaque heure du jour et de la nuit. Ton esprit, tes « amis » te martèlent de la même question mais tu la mets de coté.
A force tu te poses de nouveau les mêmes questions et de nouvelles s'enchaînent: « Suis-je normal? » « Ça n'arrive qu'à moi ? ». Tu les rumines tellement qu'elles te rongent tous les jours, jusqu'à t'en rendre malade, à te faire perdre l'appétit, à être aigri dans ta famille voire violent et insultant envers tes proches, qui eux ne comprennent pas ton changement de comportement. Ils essayent de te tirer les vers du nez mais tu te braques ou tu dis que tout va bien ou que tu es fatigué. Tu jongles avec les excuses mais une personne de ta famille ne te crois pas mais elle ne te le dit pas et toi tu ne t'en rend pas compte tout de suite. Elle te voit dans la souffrance et se sent démunie de te voir ainsi, mais toi, du haut de tes 16 ans, tu t'en fiches, tu n'as pas besoin d'aide. Tu te persuades que ton entourage ne comprendra pas et que seul toi peut comprendre. Au fond de toi, tu sais que ce n'est pas une solution, tu ne veux pas montrer ta faiblesse (putain d'égo de merde) et tu endures cela tout seul.

La seule femme de toute ta vie essaye de t'aider, sans succès. Elle t'accompagne voir un psy pensant que tu arriveras à te confier auprès de quelqu'un d'extérieur au cocon familial. Tu y vas. Cela ne change rien, tu ne veux pas en parler à une personne inconnue alors que cela pourrait être plus facile. Elle pourrait te donner des conseils, des idées pour te faire avancer dans ta vie personnelle et plus particulièrement dans ton esprit sans te donner des solutions toutes faites. Toi, jeune ado, tu ne veux pas, tu as peur d'être jugé par cet homme. Tu repars de cet entretient, rentre au domicile familial en disant à la seule femme de ta vie, qui t'aime et que tu aimes en retour, que cela n'a pas fait avancer les choses. Elle essaye de te faire comprendre que si tu en ressens le besoin, tu peux y retourner. Je n'y prête pas attention, j'associe cet entretien, ce lieu à la folie. Je ne suis pas fou, je suis juste torturé par mes démons intérieurs. Je ne vais pas vous en parlez à vous, mes proches, vous avez vos propres problèmes et moi les miens et avec le temps cela va se tasser ou se régler.

Ce tourment à bien duré de nombreuses semaines, voire plusieurs mois. J'ai réussi à vivre avec durant mon année scolaire sans que cela ne se voit énormément dans mon comportement et mes devoirs.

La prise de conscience

Au bout d'un moment, cette question m'agaçait, me hantait et me rongeait au quotidien. Elle raisonnait dans ma tête à toutes heures du jour et même en pleine nuit. J'ai donc décidé de faire des recherches, de savoir ce que cela signifiait et enfin d'en parler à quelqu'un qui m'est cher, ma meilleure amie. Elle me voyait changer et elle aussi se sentait démunie et me faisait comprendre qu'elle était là si besoin.

Après avoir regardé les différents supports à ma disposition dans les années 2000, je suis allé voir ma meilleur amie, Camille. J'en ai discuté avec elle. Cela nous a valu de longues discussions et des remises en questions intérieures avec un grand tiraillement, « Vont-ils être déçus de l'apprendre? » « Dois-je vraiment leur dire? » . Je continuais ma petite vie de lycéen avec ces questions en tête, tout en essayant d'être « normal » auprès des autres. Cela a fonctionné durant plusieurs semaines.

L'acceptation

Un soir en rentrant du lycée, j'ai croisé un lycéen qui descendait au même arrêt que moi, accompagné d'une de ses amies. Je les écoutais discrètement parler. Je me suis rendu compte qu'ils avaient un discours qui ne me laissait pas de marbre. Je n'étais plus seul. Une personne qui est « comme moi », lui l'a accepté, depuis longtemps. Il a l'air d'aller bien, d'être heureux dans sa vie.
J'en ai discuté avec Camille le soir même, nous avons eu une longue conversation elle et moi à son sujet.
Peu de temps après je l'ai revu, à la piscine, où je faisais de la plongée. J'en ai parlé avec une de mes amies proches qui en faisait avec moi. Elle a confirmé mes soupçons. Cette annonce m'a chamboulé.
J'ai donc décidé de m'accepter, de vivre avec, de retirer de mon esprit que cela était une tare, une honte. Je ne suis pas le seul, avec le temps cela va aller mieux. Le regard des gens avait une grande importance pour moi à ce moment là. Je ne voulais pas décevoir la femme de ma vie. Camille me disait qu'il fallait que je lui en parle. Elle aura sans doute du mal à l'accepter au début, avec le temps cela ira mieux.

Malgré ces paroles je n'arrivais pas à lui dire. Je me dis que j'ai déjà fait une grande avancée en l'acceptant moi même.

C'était vrai, les jours passaient et j'allais de mieux en mieux intérieurement, cette question avait disparu et je pouvais continuer ma vie de lycée de 17 ans.

Un soir, une amie m'a proposé d'aller en soirée avec elle, de la rejoindre chez un de ses amis qui habitent près de chez moi. C'était la personne que j'avais déjà vu avec elle à la plongée. J'y suis donc allé. J'ai passé une bonne soirée. Je l'ai vu mais également un autre qui était « comme lui ». Ils avaient l'air d'aller bien, de l'accepter.

L'annonce

Ces deux lycéens m'ont permis de me rendre compte que je n'étais pas le seul dans l'univers.
En fin d'année de seconde, j'en avais assez d'entendre les mêmes questions de la part de mes « amis ». J'ai donc pris mon courage à deux mains. J'ai donc décidé de leur répondre « OUI » lorsqu'ils me reposeront cette question. Je continuais ma vie de lycéen, soirées entre amis, sorties, anniversaires … et je le disais sans gène quand on me posait la question. Je ne me cachais plus, je voyais même d'autres personnes comme moi, je me suis même inscrit sur un site de rencontre, sans grande conviction.
Mes années de lycée se sont bien passées pour la plupart si on oublie les déceptions sentimentales.
BAC réussi, certes au rattrapage, que de bons souvenirs scolaires et avec mes amies.

Relation conflictuelle

L'accepter était une chose, l'annonce auprès de mes ami(e)s en était une autre. Il restait ma famille et cela n'allait pas être facile, voire était impossible, au vu de leurs mentalités. Pour faire simple, je vis une relation conflictuelle avec mon père depuis mes 14/15 ans. Il n'était jamais là pour nous, il partait travailler dans le Nord de la France du lundi au vendredi et rentrait seulement les week-ends. Seule la femme de ma vie nous avait éduqués ma soeur, mon frère et moi. Tout à changé lorsqu'il fût à la retraite. Il a sûrement dû avoir une prise de conscience et a dû se dire « Si je me penchais sur la scolarité de mes enfants ? ». Mon frère réussissait dans sa filière technologique, de bonnes notes, beaucoup de facilités… ma soeur était déjà partie du foyer. Il restait donc moi, celui qui lutte un peu dans sa filière scientifique, qui galère dans les matières littéraires, atteint tout juste la moyenne générale. Il me reprochait mon refus de passer en filière technologique en fin de seconde. Je voulais faire S, un point c'est tout.
Cela nous a valu de nombreuses prises de tête et j'en passe.
Je lui en voulais de nous avoir abandonné pendant toutes ces années. C'est ce que je me

disais à ce moment là, il préfère son travail à sa famille.
Avec le recul, je pense que cela lui brisait le coeur de devoir être loin de sa famille toutes ces années à cause de son travail. Il ne nous le dira pas. Il a sa fierté et son caractère de breton.

Tout au long de mon année de terminale, j'ai bataillé avec lui sur tout mais également avec mes déceptions sentimentales.
Malgré tout ça, j'ai quand même réussi à finir ma scolarité.

Agent double

Il ne restait plus qu'à en parler au sein de ma famille. L'univers allait être de mon coté.
Ma soeur allait partir pour minimum un an à Londres. J'avais peur qu'il lui arrive quelque chose là-bas, je voulais qu'elle le sache avant de partir. J'avais parlé à Camille de mon envie de lui dire. Elle m'avait dit que cela était une bonne idée. Ma soeur avait décidé de faire une soirée en guise d'au revoir. Je lui demandais si lors de cette soirée je pouvais inviter Camille, qu'elle connaissait depuis de nombreuses années, elle me répondis oui.
Le jour de la soirée arriva. Mon stress monta crescendo, il y avait tous ses ami(e)s, son copain, de l'alcool et j'en passe. La soirée avançait. Avec l'aide de l'alcool, je pris mon courage à deux mains et discuta avec ma soeur en aparté. Je lui dis tout. Elle n'avait pas tout saisi sur le coup à cause de l'alcool, mais elle était heureuse pour moi et fût touchée par mon geste. La soirée se déroula tranquillement et finie tard dans la nuit.

La manière dont mon frère l'a appris est assez cocasse. Tous a commencé lors d'une soirée d'anniversaire d'une amie en commun, chez qui nous sommes allés ensemble. La soirée se

déroula sans problème particulier, l'alcool toujours présent ainsi que la musique, tout le monde passait une bonne soirée, les invités alternaient entre intérieur et extérieur.
Mon frère et moi, nous nous évitions car je ne voulais pas qu'il sache pour moi. Nous nous supportions uniquement à l'époque. En milieu de soirée, une de nos connaissances nous appela tous les deux et se fût lui qui fit l'annonce à ma place. Nous nous regardions, il me dit d'accord et reparti voir ses amis et moi les miens. Suite à cela je suis retourné voir ma cible que j'avais déjà repéré en arrivant.

À aujourd'hui, mon père ne sait toujours pas pour moi, tout le monde me dit qu'il s'en doute mais je ne suis pas sûr. Il a des œillères, il ne remarque rien. Je pourrais arriver avec le crâne rasé qu'il ne s'en rendrait même pas compte tout de suite.

Concernant la femme de ma vie, ce fût elle qui a fait le premier pas vers moi. C'était un soir où mon père n'était pas là. Je l'aidais, comme à mon habitude, à vider le lave-vaisselle. Je la sentais m'observer, cette sensation pesante qui se dégageait de la scène, comme si de l'électricité statique était présente et que l'orage allait éclater. Je rangeais un plat sous la gazinière et elle était immobile à ma droite. Elle commença son annonce par « Surtout ne prend pas mal la question que je vais te poser », je sentais mon coeur battre dans mes tempes, mes battements s'accéléraient. Je savais ce qui allait suivre, comment allait-elle réagir en connaissant la réponse? Dois-je lui répondre sincèrement ? Dois-je lui mentir ? Toutes ces questions se bousculaient dans ma tête.

« Tu préfères les garçons ou les filles ? » la question fût lâchée. Je voyais qu'elle aussi n'était pas à l'aise, elle le cachait bien , c'est une maman, elle doit rester forte devant ses enfants.

Je pris une grande respiration et je décida de lui répondre sincèrement, je ne voulais plus lui mentir « Les garçons, maman ».

Je ne vis pas de déception dans son regard mais un soulagement. Elle a du remarquer le même sentiment dans mon regard, l'électricité dans l'air avait disparue. Nous nous sommes pris dans les bras tout en lui avouant que Juliette et Alexandre étaient au courant mais que je ne voulais pas que mon père le soit. Notre relation était déjà assez compliquée comme cela, il valait mieux ne pas en rajouter.

LES SENTIMENTS,

Alternance entre bonheur et souffrance

Le Premier

Tout débuta pendant mon adolescence. Je l'ai vu pour la première fois en rentrant du lycée, au moment où je me posais de nombreuses questions, tant sur ma vie personnelle, que sur mes sentiments profonds.

Grâce à une amie en commun, j'ai pu le rencontrer et apprendre à le connaitre. Nous discutions tous les soirs, une fois arrivé chacun chez soi, sur le moyen de communication le plus répandu de l'époque, je parle bien sûr de MSN, que seuls les anciens connaissent. Le tout premier logiciel nous permettant de communiquer après les cours, à une époque où les smartphones commençaient à exister et où les messages n'étaient pas illimités.

Nous conversions pendant de nombreuses heures, je l'attendais avec impatience en rentrant chez moi, j'avais la sensation que lui aussi. Je me projetais beaucoup du haut de mes 15/16 ans. J'avais le droit à un message le matin en me réveillant ainsi qu'en arrivant au lycée. Cet échange me faisait du bien, il égaillait mes journées le temps que cela a duré. Nous discutions de tout et de rien, sans nous voir réellement car il vivait à Versailles .

Au bout de quelques semaines, nos discussions commençaient à être un peu plus intimes, jusqu'à ce que la question fatidique arrive.
C'est à ce moment là que tout a basculé. A croire que ma réponse ne lui avait pas convenu. Plus de messages le matin, plus de messages le soir. Plus rien à vrai dire. La déception pour moi.

M'étais-je trop accroché rapidement? Me suis-je imaginé hâtivement certaines choses ?

Je ne le saurais jamais, car depuis cette histoire, nous n'en avons jamais reparlé. Cela ne nous a pas empêcher de rester amis aujourd'hui, malgré la distance. Nous avons passé des soirées, sommes partis en vacances ensemble sans que cette histoire ne resurgisse.

Le Second

Après ma première histoire, j'ai rencontré le Second lors d'une soirée du Premier. Nous avons discuté de manière amicale sans sous entendu, ni quiproquo, au début du moins. Il était au même lycée que moi, nous nous voyions donc régulièrement. Nous avons commencé par discuter par messages et MSN, jusqu'à échanger de manière plus régulière et plus soutenue dans le temps. Il me ramenait gentiment en voiture le soir après le lycée afin que nous puissions continuer à discuter. J'attendais son message en voyant l'heure de fin de cours approcher « Je te ramène ?» cela me faisait extrêmement plaisir car j'étais seulement en seconde et lui en première.

Nous passions des soirées entre amis communs et souvent il me raccompagnait chez moi afin que nous puissions passer un moment seul tous les deux.

Les jours se suivaient, les week-ends aussi, nous continuions nos échanges.

Un vendredi ou samedi soir, il m'a proposé de venir chez lui passer la soirée avec des amis, j'ai accepté. J'étais heureux, je me sentais désiré. J'allais chez lui le retrouver et je savais pertinemment que le Premier serait là mais j'avais réussi à « l'oublier » car le Second me faisait penser à autre chose.

La soirée se déroula, tout ce qu'il y avait de plus normal, jusqu'au moment où certaines personnes ont décidé de rentrer car il se faisait tard. Je n'étais pas trop fatigué donc je décidais de rester sur place. Le Premier voulait un massage et le Second proposa un baby-foot à ceux qui restaient. Je préférais faire le massage. Je suivais donc le Premier dans le bureau où un canapé-lit était déjà déplié et lui fit son massage tout en discutant de tout et de rien. Après plusieurs minutes, je sentis mon téléphone vibrer et vu un message du Second, me demandant ce que je faisais et si je voulais le rejoindre à l'étage. Je laissais le Premier dans le bureau, où il somnolait déjà, et rejoint le Second à l'étage.

Nous nous sommes installés dans sa chambre pour « discuter » mais je savais que la discussion allait être courte. Je lui ai expliqué que j'allais être un peu handicapé car je venais de me faire tout récemment un piercing à la langue, de ce fait les options étaient très limitées. Il balaya cette information du regard et agit. Il m'allongea sur le lit, je me laissais guider par son expérience ne sachant pas comment réagir. Les vêtements ont disparu rapidement. Le plaisir arriva rapidement avec l'excitation de la situation.

Je me suis assoupi, me suis réveillé à moitié nu dans son lit et j'ai vu l'heure. Je devais rentrer rapidement car le couvre feu était déjà terminé depuis très longtemps.

Je l'ai embrassé sur la joue, me suis rhabillé et je suis parti. Arrivé chez moi, je n'ai pas fait de bruit en rentrant et lui ai envoyé un message pour lui dire que j'étais bien rentré. J'avais des étoiles pleins les yeux.

Les jours se suivirent mais ils étaient différents, il se fit distant malgré mes messages, il m'évita au lycée, ne me raccompagna plus. L'histoire se répétait encore une fois pour moi. Suivi de grandes interrogations, « suis-je normal ? », « suis-je attirant ? ». Une grande remise en question s'en suivit.

Cela ne nous empêcha pas par la suite de rester amis et de passer des soirées ensemble qui se finissaient tardivement.

Le Troisième

Plusieurs années se suivirent sans que je ne trouve chaussure à mon pied, jusqu'à l'année 2010. Je rencontrais enfin une personne qui me plaisait et la réciprocité était là.

Tout débuta à la salle de sport, je le remarquais mais ne savais pas s'il était de mon équipe ou non. J'ai mené mes recherches mais sans résultats escomptés, enfin j'ai demandé à mon amie à l'accueil si elle pouvait mener l'enquête de son coté. Les jours passaient et je remarquais que lui aussi m'avait repéré, je faisais bizarrement les mêmes cours collectifs que lui et inversement.

Tout prit une tournure particulière le jour où je le vis dans un bar où j'étais allé avec des amis et lui avec les siens. J'aperçus une connaissance avec lui, je me dirigea vers elle pour lui dire bonjour et lui demander discrètement si son ami était de mon équipe. Elle ne savait pas non plus, mais elle se posait la même question que moi et ses amies aussi.

Les jours passaient, je pris mon courage à deux mains et décida de l'ajouter sur le réseau social en vogue à ce moment là : FACEBOOK.

Il m'accepta et nous commencions des échanges amicaux, mais irréguliers. Le bon vieux dialogue sur la pluie et le beau temps :

« Tu fais quoi comme études? » «Tu vas souvent à la salle de sport ? » ... et j'en passe.
Nous avions décidé de nous voir un soir, au même bar où je l'avais vu et où lui aussi m'avait vu finalement, mais je ne l'ai appris que plus tard, lorsque nous en avions rediscuté dans la soirée. Pendant cette soirée nous échangions de tout et de rien encore. Au moment où il alla se rafraîchir, je publiais un post assez philosophique sur la situation, sans rien dire. Il revint et nous avons continué la soirée puis vint l'heure de partir. Il me raccompagna chez moi et nous avons fini la soirée chez mes parents en présence du Premier qui était chez moi les week-ends, car il s'était rapproché de la famille depuis quelques temps par le biais d'événements particuliers.

Les jours passaient et nous avons continué nos échanges quotidiens. Nous nous envoyions des messages au réveil et tout au long de la journée. Nous ne pouvions pas nous voir le soir, il vivait sur Paris, depuis peu, afin de suivre ses cours là-bas. Notre relation pris une tournure différente un soir où je l'ai rejoint chez lui dans sa chambre de bonne. Je gravis avec courage, détermination et pleins de courbatures (dû au sport pratiqué quelques heures avant) les six ou huit étages accédant à son appartement.

Je sonne chez lui avec un peu de stress, nos échanges étaient de plus en plus soutenus et remplis de sous entendus mais je n'étais pas fixé sur son « clan », je ne voulais pas lui faire peur. Je commençais à m'attacher à lui, mais j'essayais de mettre des réserves pour ne pas souffrir si cela n'allait pas plus loin.

Il me fit entrer chez lui, c'était un studio avec un BZ en guise de lit, la cuisine était toute petite et la douche était dans un coin de la pièce. Les toilettes étaient sur le palier, comme toutes les chambres sous les toits parisiens. Nous discutions et je lui fît un massage tout à fait normal. Je m'arrêtais au bout de quelques minutes, je commençais à être fatigué. J'étais allongé à coté de lui, il était dos à moi, je regardais fixement le plafond éclairé par une lumière tamisée rouge. Le dialogue continuait et à un moment il se retourna et se mit au dessus de moi, nous nous regardions dans les yeux un long moment et il m'embrassa. Je lui ai rendu son baiser. Le temps semblait s'être arrêté. Je fis le garçon poli et lui annonçait que je devais rentrer chez moi ce soir.

Je rentrais avec l'esprit léger, le sourire aux lèvres, je savais que j'allais passer une bonne nuit. Je lui ai envoyé un message pour lui dire que j'étais bien rentré. Nous avons continué à parler un peu dans la nuit pour finir endormis chacun avec le téléphone dans la main.

Les semaines, les mois se déroulèrent à merveille. Nous sommes partis ensemble en vacances, nous passions tout notre temps ensemble, je pouvais enfin me dire que c'était ma moitié. Au fur et à mesure il décida de libérer son appartement parisien et retourner vivre chez son père dans la région. Nous passions toutes nos soirées dans sa voiture, garée dans les rues au bord des bois. Je m'endormis à de nombreuses reprises dans ses bras tellement je me sentais en sécurité et tout simplement bien. Le temps passait, notre relation filait le parfait amour. Il voulait partir de chez son père, décida de rechercher un appartement proche des transports en commun afin de pouvoir accéder facilement à la capitale pour ses études mais aussi son travail d'alternant. Il trouva un deux pièces à quinze minutes en voiture de chez moi. Je l'ai visité avec lui et nous voilà tous les deux dans la peinture et le parquet avec des amis pour restaurer cet appartement.

Les semaines passaient et j'étais plus souvent chez lui que chez mes parents. J'alternais entre les cours d'infirmier et les vacations en maison de retraite à 3 minutes à pieds de chez lui. Nous continuons notre vie de couple, je restais de plus en plus souvent chez lui jusqu'à n'être qu'une à deux nuits chez mes parents. Je ne leur avait rien dit concernant ma relation. J'étais intimement persuadé que la femme de ma vie savait ce qu'il se passait mais elle n'en disait rien.

Après deux et demi de relation, je le présentais à la femme de ma vie un soir où mon père n'était pas là. J'ai eu du mal mais après insistance de la part de ma moitié je l'ai fait.

Les années passaient, j'avais emménagé à 80% chez lui. Après quatre années de relation, il voulait acheter, cela le rendait fou de nourrir une propriétaire et de jeter l'argent par les fenêtres. Nous avons fait de nombreuses visites de biens immobiliers tous différents les uns des autres pour enfin finir par en trouver un parfait. Enfin il fallait faire quelques travaux pour le mettre à notre goût.

S'ensuit les démarches auprès des banques, des courtiers …. A cet instant je trouvais que je changeais, j'étais détaché vis à vis de lui, notre relation dans la chambre conjugale n'était pas comme au début, je mettais cela sur le compte de la peur liée au futur achat, de la fatigue dûe au travail de nuit. Je savais au plus profond de moi que je me voilais la face. Je sentais que je m'éloignais de lui mais je n'ouvrais pas les yeux.

Les démarches continuaient, l'achat s'approchait et moi je m'éloignais de lui. Il me voyait changer mais je ne lui disais rien et continuais les démarches. Vient le jour de la signature chez le notaire, tout se passa correctement mais je savais que je ne l'aimais plus. Je continuais quand même me martelant que l'amour aller revenir avec notre installation et tout ce qui allait suivre. Mais rien n'y faisait. J'en discutais avec deux meilleures amies : Manon et Anaïs. Elles me dirent toutes les deux qu'il fallait que je lui parle maintenant avant que nous ayons des souvenirs dans ce nouvel appartement.

Je fis preuve de courage en cette année 2015. Je lui ai demandé de s'assoir à coté de moi et me voilà parti dans un grand discourt nul et pathétique, expliquant que c'est une personne bien, qu'il a pleins de qualités et tout et tout … Pour finalement lui dire que nous deux c'est fini et qu'il aurait fallu que je le quitte bien plus tôt.
La cohabitation a duré deux à trois jours. Le samedi qui arrivait serait le jour de mon départ mais il n'en savait rien. Manon avait gentiment accepté de m'aider pour retirer mes affaires de l'appartement.
Le samedi arriva, j'étais réveillé depuis sept heures, il allait partir au sport à 9h30. Je l'entendis se lever, se préparer. Je faisais semblant de dormir car je ne voulais pas croiser son regard triste que j'avais déjà vu la veille au soir et cela m'avais fendu le coeur. Le voilà parti. Je me suis précipité pour réunir toutes

mes affaires. Je les avais listées mentalement le matin même. Manon est arrivée peu de temps après son départ et nous voilà à charger nos voitures comme des voleurs. Ma voiture était chargée comme une mule et celle de mon acolyte aussi.

Arrivé chez mes parents avec toutes mes affaires, je croise la femme de ma vie à peine réveillée, chargé comme un SDF. Elle me questionna sur ce qu'il s'était passé, j'ai préféré lui répondre que je lui expliquerai plus tard. J'ai déchargé la mule dans mon ancienne chambre, me suis allongé sur mon lit, j'ai regardé fixement le plafond. Une larme coula le long de ma joue. La culpabilité m'envahie.

La journée continue, je partis régler un problème de voiture. Il m'appela en début d'après midi. « Où es-tu? » « Où sont tes affaires? ». Me voilà à lui expliquer quelles sont chez mes parents et qu'il valait mieux que je le fasse ainsi même si cela allait être dur. Je ne voulais pas qu'il m'aide à charger ma voiture. Il fallait arracher le pansement d'un coup sec même s'il ne l'avait pas compris sur le coup, je ne me voyais pas charger ma voiture avec lui à mes cotés. Cela aurait été trop dur pour moi, j'avais la sensation que cela l'aurait fait encore plus souffrir. Je ne l'aimais plus mais je ne cherchais pas à le faire souffrir. Nous avons quand même vécu de belles choses ensemble. Je préférais qu'il me déteste par la suite au lieu de culpabiliser vis à vis de notre rupture. Je voulais être le méchant.

Malgré cette séparation j'avais toujours mon nom sur l'acte de propriété de l'appartement et donc il fallait régler cette affaire au plus vite. Il s'est chargé de cela comme à son habitude, je me déchargeais de tout, je n'assumais rien vis à vis de l'appartement. Nous nous sommes vus lors du rendez-vous chez le notaire. En salle d'attente, nous avons échangé quelques mots mais rien de plus. Une fois le rendez vous fini, nous nous sommes dits au revoir et chacun a continué sa vie de son coté. Nous nous sommes vus par la suite de manière amicale, nous nous envoyons des messages formels mais courts afin de prendre des nouvelles.

Le Quatrième

Les années passèrent, j'enchaînais les rencontres mais sans trouver la bonne personne. En 2016, lors d'une nuit de travail comme toutes les autres, j'ai remarqué un interne en chirurgie qui ne me laissait pas indifférent.
J'ai mené mon enquête auprès de ses co-internes afin de savoir dans quelle équipe il jouait. Elles m'ont certifiées qu'il était de la mienne mais que ce dernier était très timide, qu'il ne ferait pas le premier pas. Cela tombe à pique, je le suis aussi malgré ce que l'on peut croire.
Le rapprochement commença donc. Je faisais quelques allusions en sa présence, mais je demandais aussi à une de mes collègues de l'observer en ma présence mais aussi en mon absence. De savoir s'il était libre ou non. Une nuit, lors d'une de ses gardes il reçut un patient ayant une belle plaie. Par habitude, dans le service et entre personnels, nous nous envoyons les photos des cas intéressants ou « bizarres ». Je lui ai demandé s'il pouvait m'envoyer la photo par bluetooth mais ce dernier a préféré me l'envoyer par message. Voilà le moment où nous avons échanger de manière « totalement » fortuite nos numéros.

Les nuits se suivaient et il était souvent de garde en même temps que moi, pour mon plus grand plaisir à vrai dire. Nous discutions de tout et de rien, majoritairement des patients. Il nous arrivait que nous changions un peu de sujet. Je ne sais plus qui a fait le premier pas par message via FACEBOOK, toujours est-il que nous avons discuté de nombreuses fois et de manières régulières les jours qui ont suivis.

Il me proposa de venir le voir avant notre garde dans le bureau des internes de l'hôpital pour discuter de vive voix. Je me dirigeais donc vers ce bureau avec un peu d'appréhension. « Que va-t-il se passer ? » « Dois-je me retenir ? » Tant de questions qui vont avoir une réponse dans très peu de temps. Je rentre dans l'ascenseur et appuis sur le numéro 5. Mon coeur s'accélère de plus en plus, arrive le 2 puis le 3. Il continue à s'accélérer, je respire profondément. Arrive le 4, l'ascenseur s'ouvre, un professionnel entre. Les portes se referment. Voila le 5 qui arrive. Les portes s'ouvrent. Je sors. Je regarde son message m'indiquant le chemin pour le rejoindre à son bureau. Je vois un long couloir sombre. J'avance par celui-ci. J'entends sa voix, mon coeur s'accélère. La porte s'ouvre. Je m'arrête. Je regarde mon téléphone. Je remarque qu'une personne est sur le point de sortir d'une salle. J'attends dans le couloir. Je vois son visage sortir de l'encadrement de la porte, il était dans la pénombre, il m'invite à rentrer dans le bureau. Nous nous installons sur un canapé qui a vécu au vu de son état. L'assise n'est plus aussi performante qu'à ses débuts. Je remarque les blouses des co-internes, quelques dossiers posés négligemment sur un bureau exigu à côté duquel se trouve un ordinateur datant de la préhistoire qui fait le bruit d'un tracteur tellement il est vieux.

Il s'assoie sur ce canapé, me dit de le rejoindre. J'essaye de discuter du travail mais je comprends bien qu'il n'en a rien à faire. Son regard n'est pas comme lorsqu'il est dans le service. Je distingue une lueur dans le fond de son regard. Il répond poliment au sujet que j'aborde. Il s'avachi dans le canapé et me laisse comprendre que m'a compagnie ne le dérangerais pas. Je m'exécute.

Sans comprendre comment et qui a fait quoi, nous nous retrouvons face à face. Nous nous embrassons longuement et langoureusement. Le temps passa très vite et je dû débuter mon service. Nous décidions de descendre séparément et à quelques minutes d'intervalle afin qu'il n'y ai pas de soupçons et que LA pression puisse redescendre.

La nuit se passa comme d'habitude, insultes, agressivités, beaucoup de travail. Mais cela m'était égale, j'étais sur un petit nuage.

Me voilà reparti dans une relation, j'ai le sentiment que c'est le bon. Il travaille dans le même domaine que moi, comprend mon travail, mes horaires, mon style de vie et moi son style de vie aussi.

Arrive la fin de son semestre. Je ne le verrais plus au travail. Je lui confit mes craintes dûes à la fin de son semestre. « On ne se verra plus » « Tu vas te lasser de moi » « Tu vas trouver mieux à ton prochain semestre ». Il ne prête pas attention à mes remarques et m'embrasse langoureusement me faisant comprendre que mes inquiétudes sons inutiles. Il me promet que même s'il n'est plus ici nous continuerons à nous voir car nous sommes en couple.

Effectivement, nous ne nous sommes pas quittés. J'allais chez lui, lui chez moi. Je l'ai découvert sous un autre aspect. Avant son départ de l'hôpital je connaissais ces hobbies et lui les miens. Nous adorons le sport. Nous étions réglé l'un l'autre entre le travail, le sport et nous même.

Nous avons fait des balades parisiennes, des petits week ends, passé des vacances ensemble malgré nos plannings chargés.

Nous sommes parti au ski ensemble, je lui ai présenté mes frères et soeur et lui son frère.

Les mois passèrent, notre relation filait le parfait amour. Il me parlait de son envie d'acheter et moi de la mienne. J'envisageais de vivre avec lui, même de changer d'hôpital afin que nous puissions être plus proche au quotidien. Notre idylle suivait son chemin.

Il changea d'hôpital à la fin de son semestre. Quelques semaines après son changement d'hôpital, je le trouvais différent, plus renfermé que d'habitude. Je lui demandais si tout allait bien, il me répondait que oui, je n'y prêta plus attention.

Je viens le voir un soir chez lui afin de passer la soirée avec lui comme à notre habitude. Au moment où il m'ouvrit la porte je compris que ça n'allait pas. Son bonsoir était différent. Il me dit d'une petite voix que ça allait, je savais que ça n'allait pas. Il avait un comportement bizarre. Il débuta son monologue par « Avec ce nouveau semestre, j'ai eu du temps pour réfléchir, ... ». Et là j'ai compris. Je me suis refermé comme une huitre. Je l'écoutais mais je voulais me réveiller, sortir de ce cauchemar. Hélas ce n'en était pas un. Je le laissais parler , parler et parler. Je répondais succinctement. Il fini. Je n'ai eu que la force de lui répondre « D'accord ». Je pris mes affaires, mis mes chaussures, ma veste, pris mes clefs de voiture, me dirigeant vers la porte d'entrée. Il m'accompagna à la porte, me pris dans ces bras, m'embrassa une dernière fois en pleurs. Je me souviens encore de son odeur, du goût de ses lèvres, de son corps. Je sortis de son appartement. J'étais sur le palier perdu. Je le vis fermer la porte en pleurs. Je me dirigea à ma voiture tel un zombi, une âme errante sans but. Je posa mes affaires sur la banquette arrière, je monta dans ma voiture. Je me mis à pleurer durant le chemin du retour, je ne me suis pas arrêter de pleurer pendant les quarante-cinq minutes de voiture.

Je ne l'ai plus jamais revu depuis février 2017.

En fin d'année 2017, j'ai décidé de lui écrire une lettre manuscrite pour lui dire que je ne lui en voulais pas de m'avoir quitté. J'ai mis plusieurs semaines à me décider mais j'avais réussis à lui envoyer. Actuellement, je n'ai eu aucune réponse, même si je savais que je n'en aurai pas. J'avais ressenti le besoin de le faire pour mieux me sentir et tourner la page sur notre histoire.

Le Cinquième

Quelques semaines après le Quatrième, je repris contact avec une ancienne personne avec qui il y aurait pu avoir quelque chose par le passé, mais problème de timing pour tous les deux à ce moment là.
Ce problème de timing ne nous avait pas empêché de nous rapprocher. Il s'était passé effectivement quelque chose mais cela n'avait pas donné suite, nos situations personnelles à ce moment là n'était pas, évidentes du tout, même assez compliquées. En effet, lui était en cours de séparation ou presque et pour ma part j'étais pleins de questions vis à vis de ma relation. A cette instant, nous n'avions pas regretté ce qui s'était passé, nous avions profité de l'instant.

En mai 2017, nous conversions de manière régulière et nous nous voyions au travail. Nous discutions majoritairement du travail au travail mais par message c'était une tout autre affaire. Les semaines passaient et nous avons fini par nous mettre ensemble sous certaines conditions. Lui sortait d'une relation longue et moi j'étais détruis de l'intérieur. Nous ne voulions pas vivre tous les deux « une relation pansement ». Nous voulions nous donner une chance pour que cela fonctionne.

Nous avons donc décidé de faire un essaie pendant les vacances, soit trois mois. Nous avons conclu un accord verbal, comme un contrat entre lui et moi. Si tout se passait correctement nous continuerons cette relation. Les jours avançaient et la routine s'installa rapidement, étant en contre roulement cela était difficile de se voir souvent. Quand je travaillais, lui ne travaillait pas et inversement. Mais nous y arrivions, malgré notre travail de nuit tous les deux. Je venais le voir avant d'aller au travail pour passer un maximum de temps avec lui. Lorsque j'étais de repos et lui aussi nous passions la fin de journée et la soirée ensemble. Il me semblait que cela lui faisait plaisir mais il n'était pas très démonstratif vis à vis de cela. Je me le disais intérieurement, j'essayais d'y croire. Les semaines passaient, j'étais content voire même heureux d'être avec lui. Nous allions promener son chien ensemble comme un couple. Je me projetais tout compte fait. Un soir, il me fit remarquer que je parlais peu de moi, de ma vie passé, de ma famille. Il me fit remarquer également que dans un couple il est important de dialoguer. Je lui expliquais que je ne m'en rendais pas compte, que j'étais sur la réserve pour ne pas trop me dévoiler, pour ne pas trop souffrir si tout devait s'arrêter . Comme cela m'étais déjà arrivé. Cette idée était stupide et je me mettais tout seul des bâtons dans les roues pour notre couple.

Un soir il me dit « Tu ne me parles pas de toi, par exemple tu as parler y a pas si longtemps de ça, de vacances en bateau mais tu n'as rien dit d'autre. Pourquoi ? ». La seul chose que je lui ai dite c'est « je n'ai pas osez car dans le passé j'en ai beaucoup parlé et on ma sorti droit dans la gueule « c'est bon on peut pas tous partir au soleil sur un bateau!! », donc c'est pour cela que je ne me suis pas étalé sur le sujet ». Ce n'est pas pour autant que je me suis étaler sur le sujet avec lui. Il voulait que je lui dise quoi ? Oui je suis parti tous les ans de mes 13/14 ans sur le bateau de mes parents aux quatre coins du monde tous les étés jusqu'à mes 19/20 ans, que je n'ai pas profité car j'étais qu'un adolescent con, borné, mal dans sa peau, qui ne s'assumait pas, qui se cachait quand il regardait les autres personnes pour ne pas être jugé par ces proches. Et bien non, je ne lui ai pas dit! On était en période d'essai. Je pensais que cela arriverai au détour d'une conversation quand on aurait appris à mieux se connaître. Pour ma part, j'ai prit sur moi quand lui n'aimait pas les contacts humains alors que moi j'adore ça, mais c'est pas pour autant que je lui ai dit, j'aurais peut-être dû.

J'essayais par la suite de faire des efforts mais il remarquait que je n'y arrivais pas ou du moins que cela était très difficile pour moi. Je lui expliquais que je m'étais confié dans le passé et que je m'y suis cassé les dents. Il m'envoya en plein visage que le passé c'est le passé. Il faut vivre l'instant présent, ne pas ruminer le passé, ça ne fait pas avancer les choses, bien au contraire.

J'arrive à aller de l'avant à prendre sur moi. La date fatidique des 3 mois arriva. Je l'informais que la date était passée de quelques jours, il ne réagit pas plus que cela. Il me dit que nous continuons comme ça et puis voilà nous verrons bien.

Apres seulement 2 ou 3 semaines, j'allais chez lui comme à mon habitude avant le travail mais il était encore plus différent que d'habitude. Il commença son discours, je ne sais plus comment mais pour au final m'annoncer que ça ne pourrait pas aller plus loin, au vu de ma non communication, même si au lit tout va. Le dialogue est important dans un couple et je ne dialogue pas avec lui.

Encore une désillusion, encore une personne qui me jette. Encore une fois je souffre, j'étais attaché à lui, je m'étais projeté encore trop vite. J'envisageais un futur avec lui voire plus. La chûte ne fut que plus grande comme à chaque fois à vrai dire.

Me revoilà parti dans ma voiture, triste et anéanti tout en allant cette fois-ci au travail où je devrais mettre mon masque pour faire croire à l'équipe que tout va bien. Je ne cache pas que cette nuit là fut très dur psychiquement et moralement. Je l'avais encore en tête. La souffrance de cette séparation a durée plusieurs mois avant que je remonte difficilement la pente.

A savoir que nous nous cachions au travail pour ne pas faire parler les vipères qui y travaillent. À aujourd'hui, seules les personnes à qui nous en avions parlées était au courant.

Il n'y a pas un jour où je ne pense pas à un des cinq. Ils ont marqués ma vie en bien comme en mal. Il y en a eu cinq mais il y en a eu d'autres moins marquants, mais importants tout de même. Je m'en souviens tout de même : le coiffeur, le préparateur en pharmacie, le comédien, le laborantin, le médecin généraliste et l'infirmier.

LA CHUTE,

Spirale infernale

L'anéantissement

Après toutes ces ruptures sentimentales, ces désillusions, comment garder confiance en soi ? Comment trouver la force d'avancer? Comment continuer à vivre? J'ai donc choisi de me noyer dans le travail et le sport afin de ne pas penser à tout cela. Cela a fonctionné entre les précédentes personnes mais pas pour la dernière, enfin pendant 2 mois à peine. Mon esprit acceptait ce choix mais pas mon corps. Cela m'a valu un séjour à l'hôpital pour une pathologie assez grave si elle n'est pas prise en charge rapidement. Tous débuta un mardi matin, j'ai été réveillé par une douleur basi-thoracique gauche accompagnée d'un essoufflement continuel. J'ai essayé de me rendormir mais sans succès, je somnolait par tranche de trente minutes, réveillé par la douleur et cette gène intense. Je mis ça sur la fatigue et mon désordre psychique. Je n'y prêtais pas attention au début. Je décidais de me lever et de prendre des antalgiques, qui au bout d'une heure n'agissaient toujours pas. J'enchainais avec un bronchodilatateur, après plusieurs bouffées, toujours pas d'amélioration. J'envoyais un message à une collègue lui expliquant mes symptômes et étant persuadé d'avoir les symptômes d'une embolie pulmonaire de stress, je n'imaginais pas avoir autre chose. La journée se passa difficilement, je n'allais pas au sport car trop fatigué. Je fis une sieste pour être un peu plus en forme pour ma nuit de travail. J'arrivais à m'endormir mais le sommeil n'était pas constant, la douleur était toujours présente comme si une personne vous serrait de toutes ses forces, en continu.

J'allais au travail avec toujours cet essoufflement et cette douleur. Arrivé au travail, je discutais avec une des médecins présente ce soir là, je lui expliquais toute ma symptomatologie ainsi que les détails du début des symptômes, de la prise d'antalgique et du bronchodilatateur qui étaient inefficaces. Elle décida donc de m'inscrire aux urgences et d'effectuer des examens complémentaires. Électrocardiogramme, prise de sang, perfusion, radiographie pulmonaire. Je m'installais à contre coeur dans un brancard pour être pris en charge (être « côté » patient n'est pas ma tasse de thé) par mes collègues. Je pris mes constantes. Je respirais difficilement, le capteur indiquait 94% de saturation d'oxygène dans l'organisme en air ambiant (une personne normalement constituée a entre 98 et 100% de saturation). J'étais dans la souffrance mais je serrais les dents, je me devais de montrer que j'étais quelqu'un de fort (encore cet égo!!!). J'étais stressé intérieurement, j'avais peur. J'ai informé mes collègues de ma saturation. Ils revinrent avec de l'oxygène qui m'aidera à respirer plus facilement. Je réalisa ma radiographie pulmonaire. La manipulatrice radio alla voir les médecins pour demander qui me prenait en charge. J'entendais au loin la manipulatrice dire une pathologie aux médecins. Cela ne me rassura pas, l'angoisse montait. J'avais eu affaire à cette pathologie quelques semaines auparavant. Je n'y croyais pas. Je ne voulais pas l'avoir, j'aurais préféré autre chose de moins grave du moins. Les médecins viennent me voir. Le diagnostique tombe : c'est un pneumothorax spontané.

J'étais déplacé, après l'annonce du diagnostique, en salle d'urgences vitales. Je savais que j'allais être hospitalisé pour la nuit du moins. Pris par le stress, je voulais savoir qui était l'interne de chirurgie de garde, je ne voulais pas être charcuter par n'importe qui. Mon corps est mon temple, je ne voulais pas me retrouver avec une balafre difforme. On me dit le nom de ce dernier mais je ne savais pas qui c'était. Je demandais donc le nom du réanimateur de garde pour être pris en charge par un service que je connais. Son nom ne me parlait pas mais cela m'était égal, je ne voulais pas être touché par le chirurgien de garde que je ne connaissais pas. Tout ça mis en place, je pris la décision d'informé ma famille. J'ai commencé par informer mon frère qui était le plus proche de l'hôpital, plutôt que mes parents. Il arriva en moins de vingt minutes. J'appelais la femme de ma vie pour lui expliquer la situation mais le réseau étant instable, je n'ai pas pu tout lui dire en un seul appel. Le peu de choses que j'ai pu lui dire était trop vague et source d'inquiétude. J'enchaînais les appels pour la recontacter et pour y arriver au bout de trois longues minutes. Je lui racontais toute l'histoire. Ils arrivèrent tous les deux au bout de quarante-cinq minutes. On m'informait qu'elle était arrivé. Je l'ai vu dans l'encadrement de la porte de la salle d'urgence vital, je me souviendrais toujours de son visage rempli de stress, d'angoisse, d'inquiétude. Elle ne connaissait rien au médical. Son visage était fermé au loin. Elle se dirigea vers moi, allongée dans un brancard, perfusé, monitoré, sous oxygène et en pleurs. Le fait de la voir aussi inquiète m'a fait peur et mal. Je ne voulais pas lui faire subir cela. Je me devais quand même de l'informer sur mon état, elle m'en aurait voulu si je ne lui avais rien dit. Dû au stress, je me focalisais sur des broutilles, je ne faisais que parler, je disais n'importe quoi. Il fallait que je pense à autre chose, je savais ce qui allait m'attendre mais je ne le voulais pas. Je dis ouvertement que si ça ne tenait qu'a moi je partirais mais je ne le pouvais pas. Il fallait que je sois soigné. On me transférait en service de réanimation pour la suite de ma prise en charge. Mon hospitalisation a duré cinq jours. Cinq jours enfermé dans une chambre, je ne pouvais pas sortir dû à mon état de santé. Au bout d'une journée, je connaissais par coeur cette pièce qui ne dépassait pas les douze mètres carrés environ.

Suite à mon hospitalisation, deux semaines d'arrêt de travail et un mois sans sport.

Apres cette incident, j'ai donc décidé d'y aller « mollo » sur le sport et le travail. Pendant « deux mois » seulement. Le simple fait de rester chez moi, enfermé, à ne rien pouvoir faire, à ne pas pouvoir me défouler au sport, me rendait dingue. Le sport était devenu une drogue. Ça me permettait de me vider la tête, je ne pensais à rien d'autres pendant mes séances. Aucun tracas, aucune tristesse. La définition même de mon bonheur.

La date fatidique de mon anniversaire arrivait et mon frère voulait qu'on le fête ensemble dans la demeure familiale. J'avais dit oui plusieurs mois au paravant sans savoir que j'allais être au fond du trou et le regretter.

Le jour même de la fête, j'ai tout préparé comme d'habitude tout seul en parti. Rangement, retrait de ce qui est fragile, retrait des tapis … Je rentre dans mon appartement pour me poser, me préparer avant la fête. Je me retrouve seul avec moi même et un sentiment de tristesse m'envahi et perdure. Me voilà dans mon canapé avec comme ambiance la nuit qui est déjà tombée, les lumières rouges activées, de la musique triste et dépressive et moi dans le fond de la scène à pleurer comme un enfant qui a perdu sa peluche préférée. Je ne voulais pas y aller, je n'avais pas la force de sortir, je ne voulais voir personne. J'en avais assez de faire semblant que tout allait bien. Je voulais jeter ce masque qui m'avait servi depuis toutes ces années. Des idées noires m'ont traversées l'esprit. Je discutais en parallèle avec une amie en lui expliquant mon état. Elle essaya de me remonter le moral à distance mais sans grand succès, je l'avoue. J'étais vraiment fermé et avec un grand sentiment de souffrance et de désespoir.

Au bout de quelques heures, je repris mes esprits et avec les encouragements de mon amie je décida d'y aller en me disant « ça me fera du bien de les voir » enfin de voir certaines personnes seulement. J'arrive à mon propre anniversaire avec une heure de retard, quand même. La soirée se déroule correctement mais mon esprit n'est pas à la fête. Je veux rentrer chez moi, me coucher et que cette journée pourrie se finisse rapidement. Je bois pour faire passer ces sentiments de désespoir et de tristesse. Tous les invités partent. Il est 5h00 du matin et je suis encore à fond du coup. Qu'est-ce que je peux faire ? Je décide donc de me défouler en faisant le ménage. Je range la maison et nettoie le sol dont on ne peut plus distinguer sa couleur originelle dû aux taches d'alcool mélangées à la saleté de l'extérieur. Je m'ambiance tout seul avec ma musique personnelle et mes écouteurs. Je fini tout ça. Il est 6h00. Tout le monde dort, je n'ai plus qu'à rentrer chez moi, retrouver mes idées noires et ma solitude.

Les jours passent et se ressemblent. J'enchaîne les nuits de travail, le sport et c'est tout. Au travail et au sport je laisse paraître une personne qui est joyeuse, qui rigole tout le temps avec un sens de l'humour douteux. Mais quand je rentre chez moi c'est une toute autre histoire. Je reste silencieux, je hère dans mon appartement, je me nourris car il le faut bien et c'est tout.

Étant inscrit sur des sites de rencontre, je discute avec plusieurs personnes mais sans trouver quelqu'un qui me plait plus que cela. Ils sont très déterminés pour la plupart, ils ne recherchent qu'un partenaire pour passer à l'acte. Ce n'est pas ce que je recherche. Je ne sais même pas ce que je recherche sur ce genre de site. Est-ce vraiment utile de rester connecté dessus ? Cela ne me fait pas avancer. Ils ne recherchent qu'une chose, alors à quoi bon continuer avec ce genre de personnes. Je m'y connecte de moins en moins. Je continu ma petite vie tranquille sans histoires de célibataire invétéré et puis voilà.

J'essaye de relativiser, je me dis qu'avec le temps je finirais seul sans retrouver le bonheur, que c'est de ma faute, que je l'ai bien mérité, que c'était mon karma après tout. Que je change des choses dans mon quotidien ou non cela ne fait rien bouger. J'en suis même à aller essayer de faire de la vente de produit auprès de mes contacts mais étant quelqu'un de très timide et réservé ça n'a pas fonctionné. Je n'ai pas le bagout comme certain. Je suis un suiveur au final. Je ne suis pas quelqu'un qui va entreprendre un grand projet. Je reste sur mes acquis et cela me convient. Ce sont des choses pré-définies qui me conviennent. Les aléas ne sont pas pour moi. Serait-ce dû à mes nombreuses destructions sentimentales ? Seul moi pourrait y répondre mais, je ne veux pas aller chercher au plus profond de moi. J'ai peur de ce que je vais trouver. Peut-être que je trouverai une personne qui ne me conviendra pas du tout, mais qui sera vraiment moi. Une personne imbue d'elle-même, hautaine, méprisant les autres. Non, je n'irai pas la

chercher. Mais je sais au fond de moi que je suis une bombe à retardement prêt à exploser à la moindre occasion. J'en ai peur. J'ai tellement encaissé depuis de nombreuses années que le jour où tout sortira, je risque d'être violent vis à vis de mes proches. Violant moins physiquement que verbalement je pense, mais je sais que ma partie sombre est là, présente, à l'affût de la moindre faiblesse de ma part. Je la contiens tous les jours jusqu'au jour où je n'en pourrais plus, que mon corps ne le supportera plus. Je me méfie de moi même.
Rassurez-vous je la garde, pour le moment, mais pour combien de temps ?

La Planification

Je suis arrivé à un tel point que j'ai même imaginé comment partir seul sans que personne ne s'inquiète. A force de voir des patients qui se ratent au travail, je peux élaborer un plan pour que mon entourage ne se rende compte de l'acte que trop tard.
Tout d'abord, ce plan se déroule sur plusieurs semaines voire plusieurs mois. Oui, nous ne sommes pas bien mais pour atteindre notre but, il faut de la patience et un plan.

Première étape : Il faut s'isoler de manière progressive de son entourage. Leur donner des nouvelles de moins en moins souvent. Passé de une fois par semaine à une fois toutes les deux semaines puis une fois toutes les trois semaines et ainsi de suite. Accueillez de moins en moins de personnes chez vous, avec le même principe que les nouvelles. Prétexter des excuses bidons mais valables, pour ne pas éveiller les soupçons Continuer à faire vos activités pour que personne ne remarque le changement.

Deuxième étape : Trouver comment vous voulez partir, par quels moyens. Pendaison, médicaments, phlébotomie... Pour ma part j'ai choisi l'insuline rapide, les somnifères, les sédatifs et l'alcool.

Troisième et dernière étape : Vous mettez les choses en place et vous passez à l'acte en vous assurant que votre entourage ne vous contactera pas tout de suite, mais dans les semaines à venir. De ce fait, trop tard pour agir, trop tard pour vous sauver.

Quand on arrive à en venir à choisir comment on veut mettre fin à ces jours et que l'on se dit que c'est un moyen trop simple et égoïste ça ne peut pas être pire je vous l'assure.

Chaque jour, j'ai eu cette idée qui me venait à l'esprit. Même au travail, j'y pensais en voyant tous les médicaments à ma disposition. Je me disais que cela n'était pas une solution, pas tant sur le fait de faire souffrir mes proches mais que la roue tourne. Tant de souffrance pour une personne aussi jeune cela va changer, la chance et le bonheur vont arriver. J'attends toujours. Je continue ma petite vie simple et tout à fait normale sans faire de vague. Pleins de choses me traversent l'esprit mais j'essaye de ne pas y prêter attention.

C'est un combat de tous les jours. En voiture, je vois le fossé sur la droite, je me dis « aller ça va être rapide il suffit d'un simple coup de volant et tout sera fini, plus de souffrances, plus de tourments ».

Un couteau en céramique, un coup bien placé et tout ce finira, plus rien.

J'arrive à envisager toutes les possibilités dans n'importe quelle situation.

Je réfrène ces pulsions pour ne pas céder à la facilité.

C'est dur, la solution est tellement facile, mais NON, JE VAUX MIEUX QUE ÇA !!!

La solitude

Les journées et les nuit se suivent mais ne changent toujours pas. J'ai beau avoir acheté un logement, augmenté ma charge de travail, élargie légèrement mon cercle de connaissances cela ne change pas ma situation. Je me sens seul. Je suis quelqu'un de casanier. On me propose de sortir, je sors mais je n'irai pas inviter des personnes chez moi. Je ne veux pas déranger les gens qui m'entourent. Je me débrouille tout seul. Je trouve toujours le moyen de faire les choses par moi-même, travaux, peinture, ameublement, jardinage, déplacements… Je sais que ce n'est pas une solution mais cela me convient. Pourquoi changer ? Les quelques fois où j'ai modifié mon quotidien je m'y suis cassé les dents. Ça m'a fait souffrir. Je ne veux plus souffrir, c'est pour cela que je reste seul avec moi-même pour ne pas être déçu par les autres. Actuellement, mes amants sont mon canapé et mon plaid, ils sont confortables et fidèles.

Je sais que cela n'est pas une solution, cela ne me fera pas avancer mais reculer dans ma vie. Et alors ? A choisir entre souffrance et solitude , je préfère choisir la solitude, elle est douce, chaude, ne me décevra jamais. Elle sera toujours avec moi et me sera fidèle.

La main tendue

Ma famille ne se rend compte de rien. Je ne me confie pas auprès d'eux, je ne me confie à personne, je suis une huitre, un livre fermé.
Je veux réussir tout seul, cela n'est pas évident. Des proches essayent de m'aider mais je refuse leur aide en m'isolant, en disant que tout va bien, mais cela est faux.
Une personne de mon entourage s'est rendu compte de mon mal-être à force de me côtoyer au travail. Oui, douze heures de travail consécutives, cela créer des liens. Au bout de cinq années de travail dans le même service, voire les mêmes personnes au quotidien, les collègues deviennent des amis. On les voit plus que nos propres proches.
Avec le temps et son sens de l'observation ainsi que son expérience, elle a su lire en moi malgré mon masque de façade et mes faux semblants. Elle m'a fait comprendre qu'elle remarquait que ça n'allait pas et que si j'en éprouvais le besoin elle était là. Elle ne me force pas à me confier. Elle est juste là, c'est déjà beaucoup. Elle m'a vu évoluer dans le service et a pu me cerner malgré mes faux semblants. Même quand j'allais mal, elle l'a vu mais n'a rien dit. Juste une attention voulait dire beaucoup pour moi.

J'ai réussi à me livrer ponctuellement auprès d'elle, mais ce n'est pas toujours ça. C'est difficile de se confier, de changer ses habitudes, de refaire confiance aux gens, de ne pas être déçu par eux.

SE RELEVER,

Un combat perpétuel

Remonter la pente n'est pas facile. Si quelqu'un dit que cela est simple, il n'est jamais arrivé au fond du trou. Se sentir seul sans personne à qui se confier. Vouloir sortir mais ne pas avoir le courage de le faire, être épuisé juste en se réveillant, avoir la sensation de ne pas avoir dormi car son sommeil est plein de souffrances et de cauchemars. Voilà une partie du fond du trou, OUI du trou. Nos idées sont noires, on a que la mort ou la solitude en tête. Rien ne va.

Une passion

Pour ma part, j'essaye de me relever en me fixant des objectifs de vie. Depuis mes nombreuses déceptions et désillusions, je me focalise sur le sport, c'est un bon moyen de se défouler mais aussi de ne penser à rien, de vivre l'instant présent. Je peux dire que le sport est ma moitié ou ma drogue.

Depuis quelques années, je m'intéresse à un certain type de courses: les courses à obstacles. Je les ai découvertes de manière fortuite, depuis cet instant elles ne me sortent pas de l'esprit. Je veux en faire toujours plus et tout le temps. Cette sensation de se retrouver devant un obstacle en se disant « Vais-je y arrivé ? » est tout simplement jouissif. On est seul devant le mur, il faut le passer mais personne n'est là pour t'aider, il faut donc se surpasser, regrouper toutes ses forces et trouver un moyen de le surmonter pour continuer la course.
Cette année, je l'ai fait seul pour la plupart. Ça me fait du bien, être seul durant ces courses me permet de me battre, de voir ce que je vaux vraiment seul. C'est un reflet de ma vie en quelque sorte. De ce fait, je me surpasse à chaque courses malgré l'incompréhension de mon entourage. Je n'attend rien de leur part,

cela me fait du bien, c'est tout. Je cours pour moi et moi seul. Je me sens vivant après chaque course. Je ressens tous mes muscles les heures et les jours qui suivent une course. Je découvre même des hématomes ainsi que des plaies post courses. Cela me fait rire, j'y repense encore quelques jours après en voyant mes « récompenses ». Chaque mouvement me fait ressentir mon corps, mes muscles. Certes je me plains par la suite d'avoir mal partout mais intérieurement je suis aux anges. Je me sens vivant.
C'est alors que, j'attends avec impatience la suivante pour faire encore mieux que là précédente et me sentir encore une fois plein de vie.

Il n'y a pas que ces courses à obstacles, il y a aussi la salle de sport où je passe le plus clair de mon temps quand je suis de repos. C'est le seul endroit qui me permet de penser à rien d'autre que le sport. Je me noie dedans. Il me permet de me sentir encore une fois vivant. Je souffre de plaisir lors de chaque entrainement intense, de chaque renforcement musculaire. Je me plains également mais c'est une plainte de plaisir, de bonheur, de passion que cela me procure.

On peut se dire que je cours pour fuir ma vie, ce n'est pas le cas. La souffrance physique me permet de me sentir VIVANT, malgré ma mort intérieure.

L'entourage

Nous ne sommes jamais seul dans la vie. Il y a la famille, les ami(e)s, les collègues et les voisins, sauf si vous avez déménagé dans une forêt où la personne la plus proche se trouve à trois heures de route.

Parfois, il faut accepter les mains tendues dans son entourage mais il faut choisir la bonne personne, celle qui te tire vers le haut, qui t'écoute, te donne des conseils éclairés. A ce moment là, on ne peut qu'avancer, que se relever. Attention, cela n'est jamais facile, il faut déjà accepter que l'on ne va pas bien, que l'on soit prêt à avancer.

Ce choix ne sera pas facile mais il ne faudra rien lâcher. Cela va être un combat de tous les jours et de tous les instants. En effet, il y aura des moments où la douleur et la tristesse reviendront et resteront plus longtemps que d'habitude, mais cela passera. Ce n'est pas facile mais ce n'est pas insurmontable. Nous ne sommes pas seuls, si nous choisissons de se faire aider.

Seul, cela peut fonctionner mais cela prendra plus de temps. La société actuelle nous formate et donc lorsque nous n'allons pas bien nous nous remettons en question, mais pourquoi ? C'est peut-être elle qui n'a pas évolué en même

temps que nous. Nous sommes peut-être en avance avec notre temps, nous sommes peut-être arrivés trop tôt dans ce monde.
Restons nous mêmes et adaptons nous à cette société rigide, elle ne le fera pas à notre place.

La roue tourne un jour ou l'autre, cela peut prendre plus de temps d'un individu à un autre.
Même si votre voisin est heureux aujourd'hui, demain ce sera sûrement vous ou la semaine prochaine.
Un jour nous serons heureux, je ne sais pas quand, mais un jour.

Ce sont des choses que j'essaye de me dire tous les jours.

Mon humeur change tellement et mon mal-être revient et repart, il fluctue en fonction de ma vie personnelle et professionnelle. Un matin tout va bien et deux heures après ça change sans savoir quoi faire et sans savoir pourquoi.

A la longue, j'essaye de faire avec et de prendre sur moi sans le montrer, de relativiser avec la situation, de me dire que ce mal-être partira pour laisser place à un bien être relatif.

Pour finir, j'avance, je continue ma routine. Je verrai bien ce qu'il m'arrivera dans le futur. Peut-être que la prochaine fois que je sortirai de chez moi je rencontrerai la bonne personne ? Qui sait ?
Peut être que c'est toi qui me lis ?

LA DISSOCIATION, *9*

Le questionnement — 11
La remise en question — 15
La prise de conscience — 19
L'acceptation — 21
L'annonce — 25
Relation conflictuelle — 27
Agent double — 31

LES SENTIMENTS, *35*

Le Premier — 37
Le Second — 41
Le Troisième — 45
Le Quatrième — 55
Le Cinquième — 63

LA CHUTE, *71*

L'anéantissement — 73
La Planification — 83
La solitude — 87
La main tendue — 91

SE RELEVER, *95*

Une passion — 98
L'entourage — 103

© 2020, Antoine LE QUÉAU.

Image : CHEVANNES (91), FRANCE

Édition : BoD – Books on Demand
12/14 rond-point des Champs-Élysées, 75008 Paris
Impression : BoD - Books on Demand, Norderstedt, Allemagne

ISBN: 9782322222476
Dépôt Légal: Mai 2020